絵解き般若心経

朝日出版社

生きる智慧のエッセンス——まえがき

『般若心経』はやさしい、ごくポピュラーなお経ですから、どなたにも知ってほしいのです。読み方だけでも知っていていただきたいものです。『般若心経』というのは何宗であげてもいいのです。禅宗でも天台宗でも、真言宗でも、どのお寺へ行ってあげてもかまわない。巡礼をする時に、これだけとなえてお寺を廻ってもいいんです。

神社の前であげてもいいので花のお経といって親しまれています。お経というのは大変おもしろいもので、下手な小説よりもずっと、人生のあらゆることを書いてあります。

長い長いお経を非常に短くまとめて、そのエッセンスだけ集めたのが『般若心経』。ですからこの意味が全部わかれば仏教の一番大切なところ、心臓部へぱっと突入することになるんです。

不思議なもので、お経というのは、意味がわからなくても、毎日あげていると何だか自然に心に住みついてくるのですよ。

仏教では人生をどう考えているか、あるいは生きるということがどういうことか、人間とは何か、何のために生まれたのか、生命とはどうなっているか、死とは何かといったことを探求しています。

そんなことが全部わかっても悟るわけではないですけど。でもみなさん気が向いたら、あるいはむしゃくしゃする時でも大きな声でお経をあげて、何となく慣れてください。

お経は、持経《じきょう》（持つこと）、読経《どきょう》（声を出してとなえること）、写経《しゃきょう》（お経を写して書くこと）、どれも功徳《くどく》があるといわれています。さあ、まず、お経を手にして、声を出してあげて、写経にとりかかってください。

この世とあの世の間に川があって、それを渡って向こうの彼岸《ひがん》にいけば、そこに永遠の生命がある、というふうに教えているのですから。

二〇〇七年五月

瀬戸内寂聴

目次

般若心経《はんにゃしんぎょう》　全文

摩訶般若波羅蜜多心経《まかはんにゃはらみったしんぎょう》

観自在菩薩《かんじざいぼさつ》　行深般若波羅蜜多時《ぎょうじんはんにゃはらみったじ》

照見五蘊皆空《しょうけんごうんかいくう》　度一切苦厄《どいっさいくやく》

舎利子《しゃりし》　色不異空《しきふいくう》　空不異色《くうふいしき》

色《しき》即《そく》是《ぜ》空《くう》　空《くう》即《そく》是《ぜ》色《しき》　受《じゅ》想《そう》行《ぎょう》識《しき》　亦《やく》復《ぶ》如《にょ》是《ぜ》

舎《しゃ》利《り》子《し》　是《ぜ》諸《しょ》法《ほう》空《くう》相《そう》　不《ふ》生《しょう》不《ふ》滅《めつ》

不《ふ》垢《く》不《ふ》浄《じょう》　不《ふ》増《ぞう》不《ふ》減《げん》　是《ぜ》故《こ》空《くう》中《ちゅう》無《む》色《しき》

無《む》受《じゅ》想《そう》行《ぎょう》識《しき》　無《む》眼《げん》耳《に》鼻《び》舌《ぜつ》身《しん》意《い》

無《む》色《しき》声《しょう》香《こう》味《み》触《そく》法《ほう》　無《む》眼《げん》界《かい》乃《ない》至《し》無《む》意《い》識《しき》界《かい》

無《む》無《む》明《みょう》　亦《やく》無《む》無《む》明《みょう》尽《じん》

乃至《ないし》無老死《むろうし》　亦無老死尽《やくむろうしじん》
無苦集《むくしゅう》滅道《めつどう》　無智亦無得《むちやくむとく》　以無所得故《いむしょとくこ》
菩提薩埵《ぼだいさった》　依般若波羅蜜多故《えはんにゃはらみったこ》
心無罣礙《しんむけいげ》　無罣礙故《むけいげこ》　無有恐怖《むうくふ》
遠離一切顛倒夢想《おんりいっさいてんどうむそう》　究竟涅槃《くきょうねはん》
三世諸仏《さんぜしょぶつ》　依般若波羅蜜多故《えはんにゃはらみったこ》

得《とく》阿《あ》耨《のく》多《た》羅《ら》三《さん》藐《みゃく》三《さん》菩《ぼ》提《だい》　故《こ》知《ち》般《はん》若《にゃ》波《は》羅《ら》蜜《み》多《った》

是《ぜ》大《だい》神《じん》呪《しゅ》　是《ぜ》大《だい》明《みょう》呪《しゅ》　是《ぜ》無《む》上《じょう》呪《しゅ》

是《ぜ》無《む》等《とう》等《どう》呪《しゅ》　能《のう》除《じょ》一《いっ》切《さい》苦《く》　真《しん》実《じつ》不《ふ》虚《こ》

故《こ》説《せつ》般《はん》若《にゃ》波《は》羅《ら》蜜《み》多《た》呪《しゅ》　即《そく》説《せつ》呪《しゅ》曰《わつ》

羯《ぎゃ》諦《てい》羯《ぎゃ》諦《てい》　波《は》羅《ら》羯《ぎゃ》諦《てい》　波《は》羅《ら》僧《そう》羯《ぎゃ》諦《てい》

菩《ぼ》提《じ》薩《そ》婆《わ》訶《か》　般《はん》若《にゃ》心《しん》経《ぎょう》

寂聴訳　般若心経

これは彼岸の浄土へ渡るための、
偉大な仏の智慧のもっとも大切なお経

観音さまが
彼岸に渡るための行を
深く実践されたとき
人間の肉体も心も、
また、それによって生まれる
いっさいの苦悩や災厄も
すべて空であるとみなされました。
そこで
私たちのいっさいの苦悩や災厄を除き

お救いになられました。
観音さまは、
お釈迦さまの弟子の舎利子に
呼びかけられました。
舎利子よ、この世のすべての現象は
人の心があると思えば存在するし、
人の心がないと思えば存在しないと
同然です。
また、そこに実体が見えない時でも
人の心があると考えたときは
たしかに存在するのです。

舎利子よ、
この世のあらゆる現象は

人の心の描きだす幻です。

生まれず滅びず、けがれてもいなく、
清らかでもないのです。
増えもしないし、減りもしません。
それだから、
捉われるわが心がなければ、
この世のものは
すべてないのと同じです。
目で見て感じることも、
からだで感じることも、
意志をはたらかせることも、
心で感じることもありません。
眼も耳も鼻も舌も

からだも心もありません。

色もかたちも声も香も味も
触感も思想もありません。
視覚から意識まで、
すべてありません。

人の心の闇にある煩悩を
消滅し尽くせば、
老死の怖れも、老死そのものも
ことごとく消えてしまいます。

この世は四つの真理、
苦、集、滅、道で

なりたっています。
それを四諦《したい》といいます。

けれども、
実は四諦もまたないのです。
智慧もなければ
悟りもありません。

菩薩行を実践している求道者、
彼岸に渡る真実の智慧を
得ようとしている者は、
心にわだかまりがありません。
したがって、心におびえや怖れも
抱きません。

心に何のさまたげもなくなれば、
心に真の自由が得られます。
そこに真実の智慧が生まれます。

かぎりない過去から
かぎりない未来に至るまで
あらゆるところに存在する仏は
すべて智慧を持ち悟っていらっしゃる。
仏の悟りは最高に優れていて、
かぎりなく正しく
かぎりなく普遍です。

すべての修行の果てに
大いなる智慧、

般若波羅蜜多が
得られます。
それに、大いなる悟りの真言で、
如来の真実の言葉です。
この上ない、比べるものがない
最上の真言です。
誰が唱えても功徳があります。

マントラを唱えると、
すべての苦が取り除かれます。
なぜなら、
そこに書かれていることこそが
真実であって、
ひとつの嘘もないからです。

さあ、これからマントラを
あげよう。

往け往け
彼の岸へ
共に往かん
ああ、ついにたどりついた
うるわしの浄土よ
幸いなるかな

一、大切な智慧を記したお経

摩《ま》訶《か》般《はん》若《にゃ》波《は》羅《ら》蜜《みつ》多《た》心《しん》経《ぎょう》

これは
彼岸の浄土へ渡るための、
偉大な仏の智慧《ちえ》の
もっとも大切なお経

◉彼岸へのパスポート

仏教で此岸《しがん》（この世）は苦しみの汚れた世界で、彼岸《ひがん》（あの世）は苦のない浄土《じょうど》と考えます。生きているこの世の苦しみから逃れ、苦しみのない彼岸に渡りたい。でも、二つの岸の間には、大河があって簡単に渡れない。大河を渡るために必要なチケット、パスポートが「六波羅蜜《ろくはらみつ》」です。布施《ふせ》、持戒《じかい》、忍辱《にんにく》、精進《しょうじん》、禅定《ぜんじょう》、智慧《ちえ》……この六つの行《ぎょう》を行なえばチケットがもらえます。

布施は見返りを期待せず、周りの人たちにプレゼントすること。持戒は、してはいけない戒律を守ること。忍辱は辛抱すること。精進は努め励むこと。禅定は、写経や座禅をして心を穏《おだ》やかにすること。智慧は物事を正しく判断する考えのこと。

二、苦しみはどこからくるのか

観自在菩薩《かんじざいぼさつ》　行深般若波羅蜜多時《ぎょうじんはんにゃはらみったじ》
照見五蘊皆空《しょうけんごうんかいくう》　度一切苦厄《どいっさいくやく》

観音さまが
彼岸に渡るための行を
深く実践されたとき
人間の肉体も心も、
また、それによって生まれる
いっさいの苦悩や災厄も
すべて空であるとみなされました。

そこで
私たちのいっさいの
苦悩や災厄を除き
お救いになられました。

◉悩みの正体

人間の心の中には「無明《むみょう》」というまっくらなものが居座っていて、心の悩みはすべてそこから生まれます。無明は煩悩《ぼんのう》が生まれる場所です。すべての苦しみや悲しみは心の描きだすものです。人間の苦悩はすべて無明の心が生みだした幻で実体はありません。心のとらわれがなくなれば、苦も悲しみもない人生を送れるということですね。

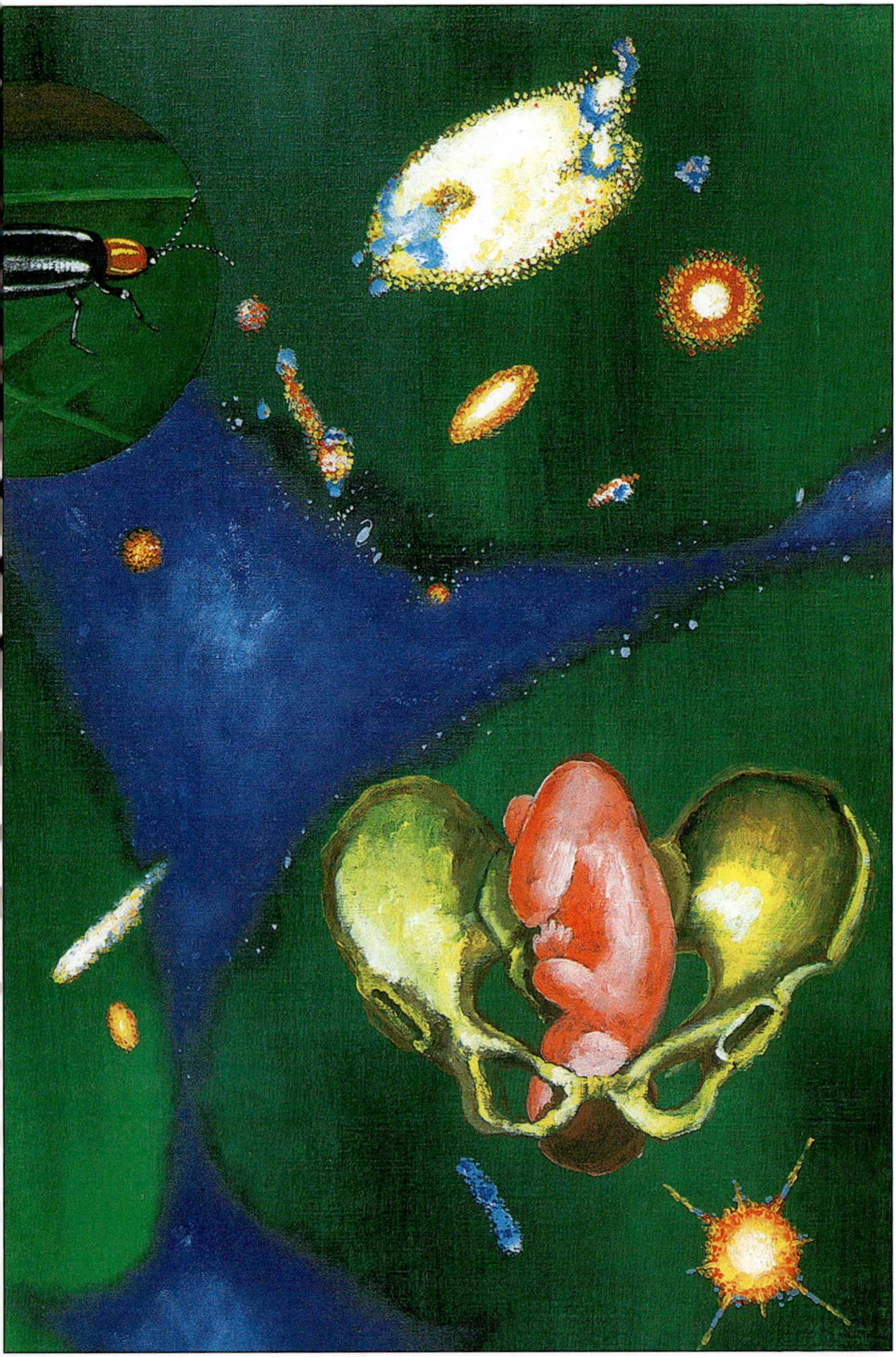

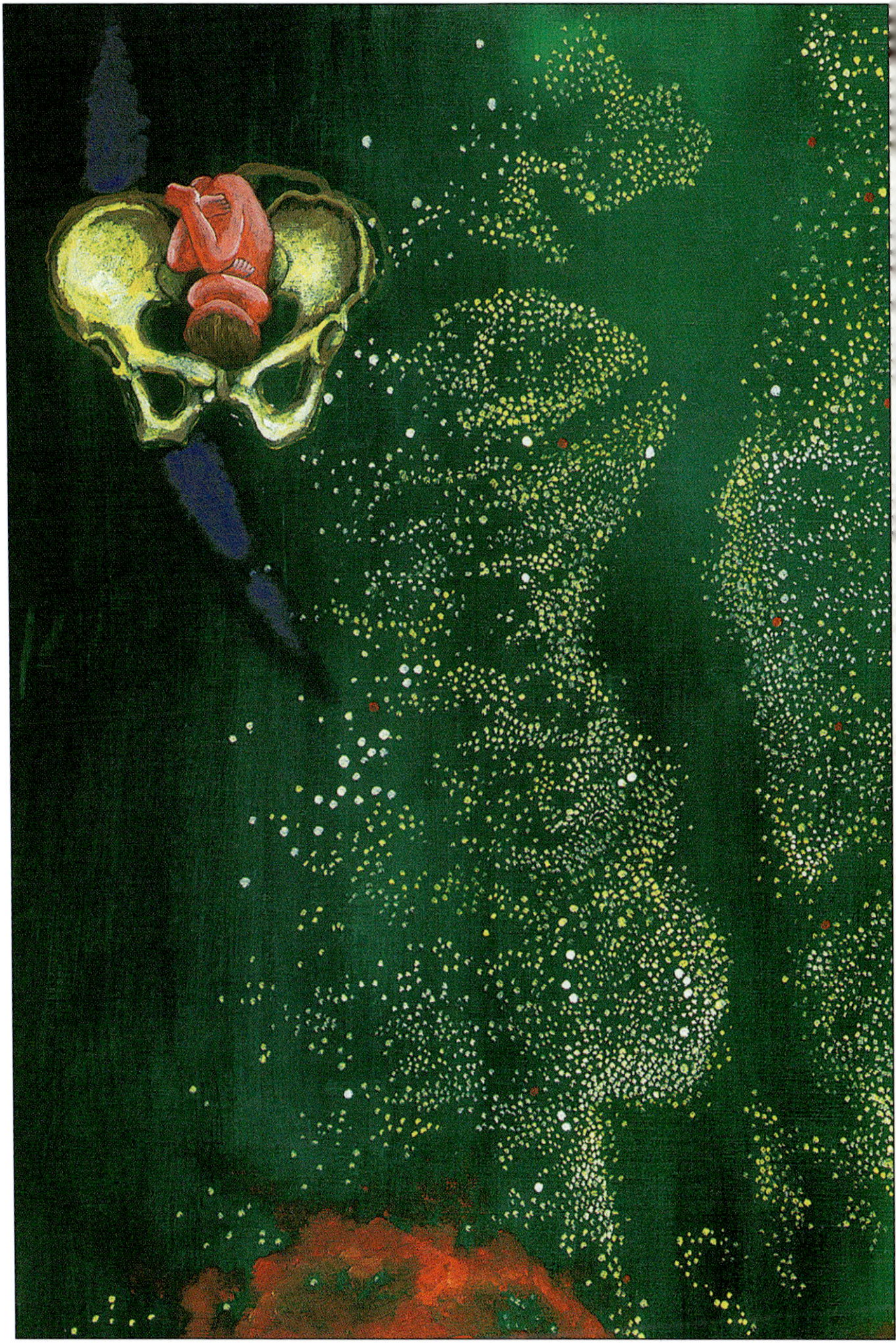

三、この世は心が作りだしたもの

舎利子《しゃりし》　色不異空《しきふいくう》　空不異色《くうふいしき》　色即是空《しきそくぜくう》
空即是色《くうそくぜしき》　受想行識《じゅそうぎょうしき》　亦復如是《やくぶにょぜ》

観音さまは、お釈迦さまの弟子の
舎利子に呼びかけられました。
舎利子よ、この世のすべての現象は
人の心があると思えば存在するし、
人の心がないと思えば存在しないと同然です。
また、そこに実体が
見えない時でも

人の心があると考えたときはたしかに存在するのです。

◉苦しみからの解放

この世の物体は、私たちの心が認識するから、そこに存在しているに過ぎないのです。机があると思っているから机があるので、私たちの心が認識しなければ、存在しないも同じです。何かに熱中しているときに、周りの物が目に入りません。それはないのと同じです。けれども、精神集中が終われば、すぐに世界は元に戻ります。机も置時計も目に入ります。物質だけではない、この世の苦しみも心が作りだすものです。

ですから、心の悩みもまた空《くう》だということ。つまり、心もまた空であるということです。

四、汚くもなく、きれいでもない

舎利子《しゃりし》　是諸法空相《ぜしょほうくうそう》　不生不滅《ふしょうふめつ》
不垢不浄《ふくふじょう》　不増不減《ふぞうふげん》

舎利子よ、
この世のあらゆる現象は
人の心の描きだす幻です。

生まれず滅びず、けがれてもいなく、
清らかでもないのです。
増えもしないし、減りもしません。

◉心のはたらき

観音さまはさらに言葉をつづけられます。舎利子よ、この世のすべての規範が法である。すなわち現象や物質はすべて空《くう》であって、心のはたらきによって起こるのである。心の働きがなければ、何もないのと同じである。最初からないのだから、物質や現象は生じもしなければ、滅びもしない。きれいだと思うのも、汚いと感じるのも、すべては心の働きです。増えるとか減るというのも同じこと。愛情が増えたとか減ったと言って、悩むけれど、それも自分の心のせいなのです。

とらわれを捨て、相手がどれだけ愛してくれているかなど気にせず、自分の愛情をどんどん相手にプレゼントすれば、増えたの減ったので悩むことはありません。『般若心経』は、世の中はすべて空であるのだから、心のとらわれを捨てなさいという教えです。

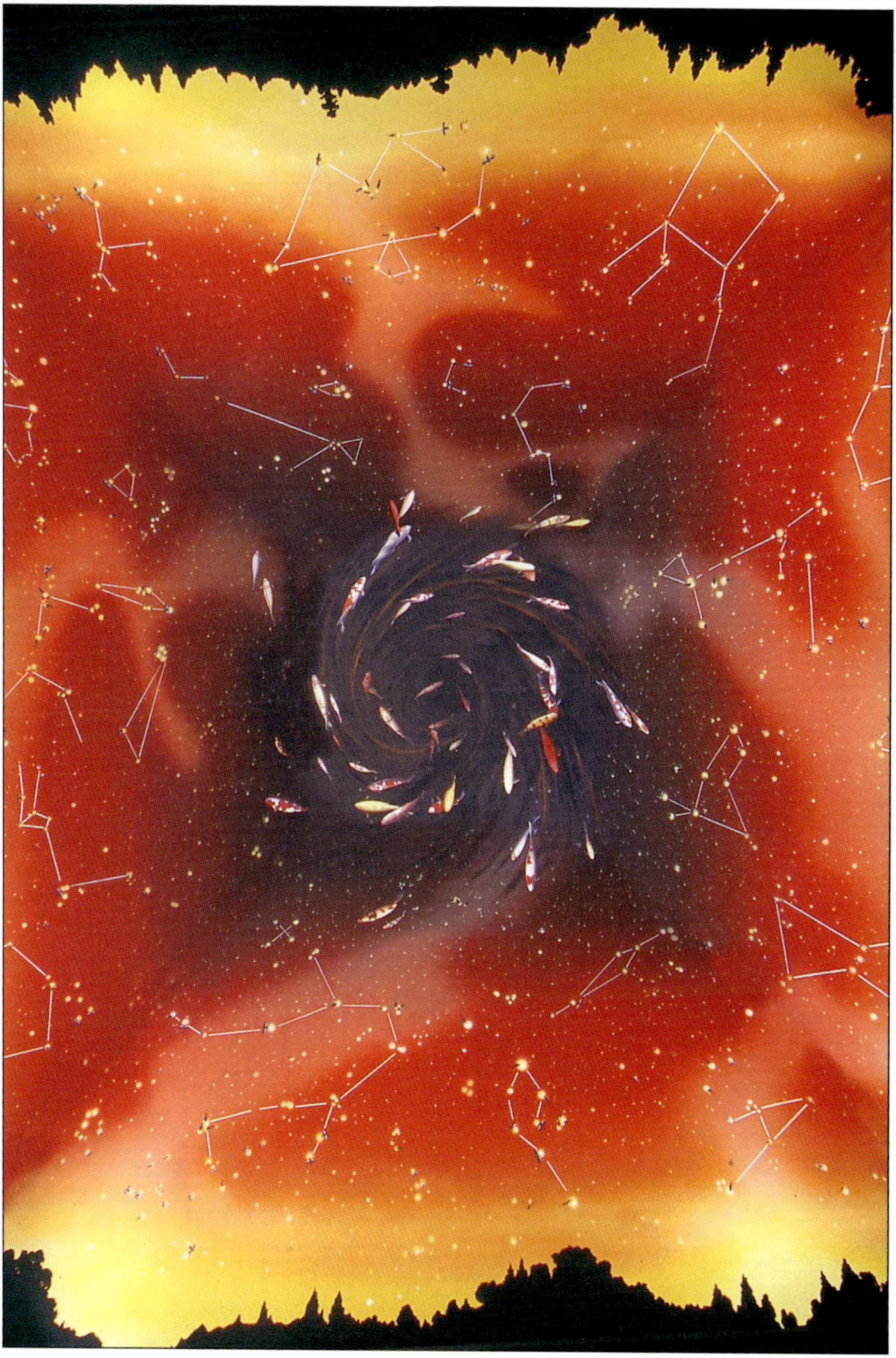

五、すべてないのと同じ

是《ぜ》故《こ》空《くう》中《ちゅう》無《む》色《しき》　無《む》受《じゅ》想《そう》行《ぎょう》識《しき》
無《む》眼《げん》耳《に》鼻《び》舌《ぜつ》身《しん》意《い》　無《む》色《しき》声《しょう》香《こう》味《み》触《そく》法《ほう》
無《む》眼《げん》界《かい》乃《ない》至《し》無《む》意《い》識《しき》界《かい》

それだから、
捉われるわが心がなければ、
この世のものは
すべてないのと同じです。
目で見て感じることも、
からだで感じることも、

意志をはたらかせることも、
心で感じることもありません。
眼も耳も鼻も舌もからだも心もありません。

色もかたちも声も香も味も
触感も思想もありません。
視覚から意識まで、
すべてありません。

◉空と無の世界

「眼耳鼻舌身意《げんにびぜつしんい》」を、「六根《ろっこん》」とも言います。心の作用のことです。私たち

は外界の現象や物体を眼で見たり、耳で聴いたり、鼻で嗅いだり、舌で味わったり、身体で触ったりします。これが「眼耳鼻舌身」。

最後の「意」というのは、心の中で思慮を働かせることです。この六根が心の働きというわけです。「色声香味触法《しきしょうこうみそくほう》」は、この六根が働いた結果、起きる感覚です。六根に対して「六境《ろくきょう》」と言います。「眼界ないし意識界」というのは、六根が六境を感じて認識する行為を意味します。

乃至、つまり、「眼界から意識界まで」ということです。ただし、ここで言う「ない」＝無というのは、数字のゼロとは違います。無も空と同じで、「捉われない心」のことです。感覚作用が生みだす、さまざまな認識や思想に捉われてはいけない。真の自由を持ちなさいという教えです。

六根《ろっこん》、六境《ろくきょう》、六識《ろくしき》を合わせて「十八界」と言います。この世の現象のすべては、五蘊《ごうん》と十八界が網の目のように絡み合って存在しているのです。しかし、それを認識する心がなければ、存在しないのと同然です。
六根、六境、六識の対応関係は次のとおりです。

六根	眼	耳	鼻	舌	身	意
	｜	｜	｜	｜	｜	｜
六境	色	声	香	味	触	法
	｜	｜	｜	｜	｜	｜
六識	見	聞	嗅	味	触	知

（眼界乃至意識界）

六、苦しみをなくす

無無明《むむみょう》　亦無無明尽《やくむむみょうじん》
乃至無老死《ないしむろうし》　亦無老死尽《やくむろうしじん》

人の心の闇にある煩悩を
消滅し尽くせば、
老死の怖れも、老死そのものも
ことごとく消えてしまいます。

◉因縁について

お釈迦さまは、この世の中はすべて因果関係、つまり縁《えん》で動いているということを発見なさいました。あらゆる現象は、原因と条件で生じている。その原因が「因《いん》」であり、条件が「縁」であり、結果が「果《か》」です。たとえば氷ができるには、原因となる水が存在しなければなりません。

そして、それに寒さという条件が加わって、はじめて氷ができるわけです。この場合、水は因であり、寒さが縁であり、氷が果になります。私たちの人生は苦に満ちています。お釈迦さまはその苦しみをもたらす原因はどこにあるのだろうと探究なさいました。その結果、分かったのが「十二因縁《いんねん》」の成り立ちです。お釈迦さまはこの世は因縁で成り立っているという発見をされました。それが「悟り」です。その因縁とは、原因があって、縁が作用し、結果が出るということです。それは十二段階を踏みます。

十二因縁とは、次のとおりです。

一、無明《むみょう》（無知、迷いの根本）

二、行《ぎょう》（身、口、意による生活作用）

三、識《しき》（識別作用、判断力）

四、名色《みょうしき》（精神と肉体）

五、六入《ろくにゅう》（六根、六処と同じ、眼、耳、鼻、舌、身、意の六つの感覚器官）

六、触《そく》（六根とその対象の六境が触れること）

七、受《じゅ》（感受作用）

八、愛《あい》（渇愛）

九、取《しゅ》（執着）

十、有《ゆう》（現実の人生の姿）

十一、生《しょう》（生まれること）

十二、老死《ろうし》（苦を代表させたもの）

この十二因縁の発見によって、お釈迦さまは、苦を消滅させようと思えば、その根本である無明をなくしてしまえばいい。原因を断ち切ってしまえば、結果は生まれません。きわめて合理的な考え方です。

すべての人間の苦は、もとをただせば、すべて心の無明が産みだしたものなのだというのが、お釈迦さまの発見でした。

最後の老死は、単に老化や死だけを意味しません。苦の代表として、老死があげられているのです。

七、自由な心

無《む》苦《く》集《しゅう》滅《めつ》道《どう》　無《む》智《ち》亦《やく》無《む》得《とく》　以《い》無《む》所《しょ》得《とく》故《こ》

この世は四つの真理、
苦、集、滅、道で
なりたっています。
それを四諦《したい》といいます。

けれども、
実は四諦もまたないのです。
智慧もなければ

悟りもありません。

◉とらわれない境地

四諦《したい》の諦はサンスクリットの「シャタイヤ」の訳語で、真理ということです。四つの真理です。

四諦の第一は、「苦」です。四苦八苦といわれます。生《しょう》、老《ろう》、病《びょう》、死《し》は人間の逃れられない苦です。生まれるのがなぜ苦かと思いますが、私たちの母親の狭い産道を通って生まれる時の苦しさを覚えていません。また、苦と定められたこの世に生を受けることは苦といえましょう。

老も病も死も望ましいものではない。けれども、人間の必ず迎え通らなければならないことです。

更に「愛別離苦《あいべつりく》」（愛する人と別れる苦）「怨憎会苦《おんぞうえく》」（嫌な人間と会う苦）

「求不得苦《ぐふとくく》」（欲しいものが得られない苦）「五蘊盛苦《ごうんじょうく》」（肉体に起こる苦）性欲もその一つ、病気もその一つ。これを合わせて四苦八苦です。

集諦《じったい》は、苦の原因を考えることです。苦の原因は人間の心の無明から生まれる煩悩のことです。煩悩は人間の欲望が産む悩みのことです。

あれが欲しい、これも欲しい。あの人が嫉《ねた》ましい。あの人が憎い。といった感情で、煩悩は無明の中で火になってめらめら焔《ほのお》をあげています。その焔を鎮めて平静なこだわりのない心にすることを理想とします。

数ある煩悩の中で一番苦しいのは渇愛《かつあい》です。仏教では愛を慈悲と渇愛の二つにわけます。慈悲とは相手を愛しつくすだけで、見返りを一切求めない心です。それは神や仏の愛といえましょう。

渇愛は私たち凡夫《ぼんぷ》の男女の愛で、自分が愛したと等分の、いや、それに利息をつけた愛を返してほしいと思う欲ばりな愛です。セックスをともなった男女の愛は、もっと愛して欲しいと、常に心が渇いているから渇愛と名づけます。

滅諦《めったい》とは、苦の原因をなくすことです。それは無明をなくせばいいとお分かりでしょう。無明をなくし、そこにある煩悩をなくしたら、迷いのない理想的な人物になります。それが悟った人で、涅槃《ねはん》に入るといいます。涅槃は即、死を意味してはいません。ニルヴァーナという語を涅槃と訳します。迷いのない、こだわりのない安らかな心の状態です。

道諦《どうたい》は涅槃に至る道程です。心がとらわれから解放され、真に自由になれば、智慧は智慧と意識されなくなり、空気のようになります。得だとか、損だとかも考えなくなります。心の真の自由を得られたら、何も持っていない境地にたどりつくでしょう。

八、怖れのない平安な心を

菩提薩埵《ぼだいさつた》　依般若波羅蜜多故《えはんにゃはらみったこ》
心無罣礙《しんむけいげ》　無罣礙故《むけいげこ》
無有恐怖《むうくふ》　遠離一切顛倒夢想《おんりいっさいてんどうむそう》
究竟涅槃《くきょうねはん》

菩薩行を実践している求道者、
彼岸に渡る真実の智慧を
得ようとしている者は、
心にわだかまりがありません。

したがって、心におびえや怖れも抱きません。
心に何のさまたげもなくなれば、心に真の自由が得られます。
そこに真実の智慧が生まれます。

◉煩悩について

菩薩《ぼさつ》は如来《にょらい》（仏）と凡夫《ぼんぷ》の中間の存在です。私たち凡夫も菩薩行《ぎょう》をつめば菩薩になれるかもしれません。

しかし、絶対、如来にはなれません。観世音菩薩や地蔵菩薩は、如来になれるのに、凡夫が近づきやすいようわざと菩薩の姿でいらっしゃるのです。

「菩薩行」とは六波羅蜜《ろくはらみつ》の行で、布施、自戒、忍辱、精進、禅定、智慧の六つです。禅定まで五つを行じたら、おまけとして智慧がもらえます。

つまり、智慧こそ最後のゴールです。智慧すなわち般若を得たら、心の絶対の自由が得られます。菩薩行をつとめなければならないと、カチンカチンにそれにこだわりすぎるのも、心の自由がさまたげられています。もっとのんびりと、心を遊ばすことが大切です。

罣礙《けいげ》というのは「さまたげ」の意味。心をさまたげるものがなくなるから、自由自在になる。

心が自由自在になれば、怖いものはありません。私たちは心に煩悩を持っているから、いつも悩みごとを抱えています。心配が絶えません。でも、心が自由になれば、もう恐れるものはない。自分のメンツにこだわることもないし、他人が自分をどう思っていようと気にならない。それが「恐怖あることなし」です。

悟りとは、まさに「何物をも恐れない、自由自在の境地」を指すのではないでしょうか。

さて、その次は「遠離《おんり》一切《いっさい》顛倒《てんどう》夢想《むそう》　究竟《くきょう》涅槃《ねはん》」です。

顛倒《てんどう》というのは、ひっくり返るということ。つまり顛倒《てんどう》夢想《むそう》とは、「あべこべの、さかさまの妄想」ということです。

私たち凡夫は、心に煩悩を抱えているから世の中を正しく見ることができません。才能もないのに天才だと思ったり、本当の優しさを持っていないのに自分には思いやりがあると思ったり、好かれてもいないのに好かれていると思ったり……世の中は顛倒《てんどう》夢想で一杯です。

しかし、真の智慧を持ち、心が自由になれば、物事をありのままに見ることができる。それがお釈迦さまのおっしゃった「正見」です。

九、仏はあらゆるところに

三世諸仏《さんぜしょぶつ》　依般若波羅蜜多故《えはんにゃはらみったこ》
得《とく》阿耨多羅《あのくたら》三藐《さんみゃく》三菩提《さんぼだい》

かぎりない過去から
かぎりない未来に至るまで
あらゆるところに存在する仏は
すべて智慧を持ち悟っていらっしゃる。
仏の悟りは最高に優れていて、
かぎりなく正しく
かぎりなく普遍です。

◉最高の智慧

阿耨多羅《あのくたら》とは「最高」ということです。三藐《さんみゃく》は「正しい」。三菩提《さんぼだい》は「すべての智慧の集まり」という意味。仏の悟りは最高に優れていて、かぎりなく正しく普遍のものである。つまり、そういう悟りを開かれましたということ。

千二百年前、比叡山を開かれた伝教大師最澄は、叡山にはじめてお堂を建てた時、「阿耨多羅　三藐三菩提《ぼじ》の仏たち　わが立つ杣《そま》に冥加《めか》あらせたまへ」と歌われました。堂々とした実に力強い祈りではありませんか。

十、最高の真実の言葉

故知般若波羅蜜多《こちはんにゃはらみった》　是大神呪《ぜだいじんしゅ》
是大明呪《ぜだいみょうしゅ》　是無上呪《ぜむじょうしゅ》　是無等等呪《ぜむとうどうしゅ》

すべての修行の果てに
大いなる智慧、
般若波羅蜜多が得られます。
それに、大いなる悟りの真言で、
如来の真実の言葉です。
この上ない、比べるものがない
最上の真言です。

誰が唱えても功徳があります。

◉お経の効用

「般若波羅蜜多」という言葉は、大神呪《だいじんしゅ》、大明呪《だいみょうしゅ》、無上呪《むじょうしゅ》であることを、皆さん、よく理解しなさいといっています。「呪《じゅ》」というのは、「まじない」とか「のろい」ではなくということです。仏の「真の言葉」という意味です。サンスクリットでは、「マントラ」といいます。仏さまは、嘘をつかない。ですから、これは真実の言葉です。だからこそ、真言《しんごん》には不思議な力があって、口に称えるだけで、災厄を防ぐ力があると信じられています。真言には験《げん》があるということです。病気も病魔も祓えば治ると信じられていました。マントラは、体の悪いのを祓ってくれるだけでなく、心の闇―無明も除かれ

ると信じられました。

真言は陀羅尼《だらに》とも言います。弘法大師も、「真言は不思議なものだ。それを観たり、唱えたりすれば、心の無明を除く、一字に千里をふくむので、唱えれば、ただちに自分の体に仏の力があらわれる」とおっしゃっています。

大神呪、大明呪、無上呪というのは、マントラの種類を指しています。

『法華経』では、人間を三つの位に分けます。声聞《しょうもん》、縁覚《えんかく》、菩薩の三つです。声聞とは人の話を聞いて理解しようとする人のこと。縁覚というのは、先生に習わず、独学で本を読んだり、研究して理解しようとする人のことです。菩薩のことはもう何度も出ていますから、分かりますね。菩薩道、つまり六波羅蜜を一所懸命行なったら人間は菩薩になれる。

私たちはたいてい、声聞、縁覚どまりですね。人の話を半分も聞かないで「ああ、分かった。もう分かった」と言ったり、本を斜め読みして分かった気分になる。

ちょっとむずかしい話をすれば、『法華経』では三開顕一と言って、声聞、縁覚、菩薩の三種の人間の上に、唯一無二の仏の世界があると考えます。これを一仏乗と言います。乗というのは、乗り物のことです。

大神呪、大明呪、無上呪は、この人間の三つの分類に対応するマントラのこと。つまり、大神呪とは声聞の唱える呪、大明呪とは縁覚の唱える呪、無上呪とは菩薩の唱える呪。

四番目の無等等呪というのは、「この上ない、比べるものがない最上の呪」という意味。

つまり、『般若心経』は、声聞だろうが、縁覚だろうが、菩薩だろうが、誰が唱えても功徳がある陀羅尼、マントラであるというわけです。

十一、すべての苦を取り除こう

能除一切苦《のうじょいっさいく》　真実不虚《しんじつふこ》
故説般若波羅蜜多呪《こせつはんにゃはらみったしゅ》
即説呪曰《そくせつしゅわつ》

マントラを唱えると、
すべての苦が取り除かれます。
なぜなら、
そこに書かれていることこそが
真実であって、
ひとつの嘘もないからです。

さあ、これからマントラをあげよう。

◉密教の教え

マントラを唱えると、すべての苦が取り除かれる。なぜかというと、そこに書かれていることこそが真実であって、ひとつの嘘（＝虚）もないからだといっています。そんなに効力のあるマントラとは、いったいどんなものなのか。

「故説般若波羅蜜多呪《こせつはんにゃはらみったしゅ》　即説呪曰《そくせつしゅわつ》」――ゆえに般若波羅蜜多の呪を説く、すなわち呪を説いていわく、という意味です。さあ、これからマントラを教えてあげよう、ということです。

ところで、なぜ、顕教《けんぎょう》の教えと密教《みっきょう》のマントラが『般若心経』の中では一緒になっているのでしょうか。それについて弘法大師（空海）は、次のようなことを書いていらっしゃいます。

「もともと、如来の説法には二種類があった。それが顕教と密教である。如来は、顕教で悟りを得る人には言葉を尽くして語り、密教で悟りを得る人には陀羅尼（マントラ）を説いた」

人を見て法を説くというのは、お釈迦さまのことを表わした言葉ですが、密教も顕教も本来、一つの仏の教えであるということでしょう。

さらに弘法大師は、

「密教と顕教はかけ離れているように見えるが、そうではない。普通の人が見れば、雑草にしか見えない草でも、医者には薬草と分かるように、顕教と思われているお経の中にも密教の教えを読みとる人もいる。

一つのお経の中にも、浅い教え、深い教えが幾重にも重なりあっている」

とも書いています。

弘法大師の考えにしたがえば、『般若心経』の中にマントラ（陀羅尼）が書かれていても何の不思議もないというのです。

文

十二、彼の岸へ渡る

羯《ぎゃ》諦《てい》羯《ぎゃ》諦《てい》　波《は》羅《ら》羯《ぎゃ》諦《てい》
波《は》羅《ら》僧《そう》羯《ぎゃ》諦《てい》　菩《ぼ》提《じ》薩《そ》婆《わ》訶《か》
般若心経《はんにゃしんぎょう》

往け往け
彼の岸へ
共に往かん
ああ、ついにたどりついた
うるわしの浄土よ
幸いなるかな

◉神秘のマントラ

いよいよ『般若心経』のグランドフィナーレに入ります。「羯諦羯諦　波羅羯諦　波羅僧羯諦　菩提薩婆訶」

これはサンスクリットでは「ガテーガテー　パーラガテー　パーラサンガテー　ボーディスヴァーハー」となります。これはマントラだから、訳してはいけない。訳すとマントラの力がなくなってしまうとされています。

でも、人間というのは、ダメと言われればなおさら知りたい。隠されると開けてみたくなる。だから、この部分は昔からいろんな訳がなされています。意味はみなさんご自身でも、それぞれに考えてみてください。

写経のすすめ

写経のすすめ

仏教ではこの世は「苦」だと教えています。その苦の世界が逃れられないなら、苦を引き受けて生きるしかありません。

それには何よりも心にしっかりとした信を持つことでしょう。仏教では何ものにも捉われないわだかまりのない心を持つようにと教えています。

写経をするということは、そんな心を養う手段のひとつになります。特効薬のように、たちまち効果があらわれるというのではなく、素直な心で虚心に書いていると、知らず知らずのうちに自分の心の中の煩悩の炎がなだめられ、穏やかになり、やがてその火が小さくなって消えていることに気づく日もあるかもしれないのです。

いきりたつ心が鎮まれば、そこに自然に、正しく物ごとを判断出来る智慧がよみがえってきます。正しい智慧がもどれば、私たちは自分を悩ませている正体を見とどけることが出来ます。その原因にも気づくでしょう。この苦の中からどうやって抜けだせばいいかという判断も湧いて来て、それに立ち向かう勇気もまた授かってくるのです。

写経を私はこんなふうに考えて自分も実行しているし、人にもおすすめしています。

煩悩に心がかき乱されたとき、写経をすると心が鎮まります。

物事の判断に困ったとき、悲しみや苦しみで心がふさがれたとき、写経をしてみるといいでしょう。写経をむずかしく考えることはありません。お経の意味が分からなくてもいいし、また、立派な道具にこだわる必要もありません。まず、始めてみることが何よりも大切です。

一、用具

写経に最低限必要なものは、墨《すみ》、硯《すずり》、筆、用紙、そして手本です。『般若心経』の手本は本書に添付されていますから、それをお使いください。墨、硯、筆、手本などは書道用品店やデパートなどで販売されていますが、ことさらに高価なものは必要ありません。お店の人と相談して決めてください。筆は写経用、細字用のものを選ぶといいでしょう。また初心者の場合、写経用紙は手本の上に重ねて、なぞることができるものを選んでください。

二、心身を清め、墨をする

きちんとした写経会では、香を焚《た》き、丁字香《ちょうじこう》を口に含んだりしますが、自宅での写経ならば、手を洗い、口を水ですすぐだけで充分です。もし、仏壇があるならば、お灯明をあげ、お線香を立てましょう。部屋や机の上を整理し、道具を用意したら、まず静座し、深呼吸をして、心を落ち着かせます。ゆっくり、静かに墨をすりましょう。

三、写経観念文を読む

合掌をし、以下の写経観念文を読みます。「今から写経をさせていただきます」と仏さまにご挨拶するのです。

写経観念文

水《みず》は是《こ》れ大悲慈潤《だいひじじゅん》の智水《ちすい》。墨《すみ》は又楞厳禅定《またりょうごんぜんじょう》の石墨《せきぼく》。定墨《じょうぼく》と恵水和合《えすいわごう》して実相法身《じっそうほっしん》の文字《もんじ》を書写《しょしゃ》す。此《こ》の文字《もんじ》は三世諸仏《さんぜしょぶつ》、甚深《じんじん》の秘蔵三身如来《ひぞうさんじんにょらい》真実《しんじつ》の正体《しょうたい》にして、禅定智慧《ぜんじょうちえ》の法門《ほうもん》、自行化他《じぎょうけた》の功徳《くどく》、悉《ことごと》く皆具足《みなぐそく》す。是《こ》を以《もっ》て此《こ》の経《きょう》の文字《もんじ》は、十界色身《じっかいしきしん》を現《げん》じ、類《るい》に随《したが》い説法利生《せっぽうりしょう》す。是故《このゆえ》に我今《わがいま》、此《こ》の経《きょう》を書写《しょしゃ》し奉《たてまつ》る。

此《こ》の功徳善根《くどくぜんこん》に依《よ》って弟子《でし》と法界《ほうかい》の衆生《しゅじょう》と、無始《むし》より已来《このかた》、三業六根《さんごうろっこん》に作《つく》る所《ところ》の、一切《いっさい》の罪障《ざいしょう》、皆悉《みなことごと》く消滅《しょうめつ》し、臨終正念《りんじゅうしょうねん》にして、極楽《ごくらく》に往生《おうじょう》し、見仏聞法《けんぶつもんぽう》して、無生忍《むじょうにん》を證《しょう》せんことを。

四、写経をする

慣れてくれば、手本を横に置いて写す「臨書」を試みてみるといいでしょうが、最初のうちは写経の手本の上に写経用紙を重ねて写すといいでしょう。文字の上手下手は関係ありません。ひたすら無心に写すことが大事なのです。

五、校正

本文を書写し終えたら、写し間違えがないかを見直します。たとえ誤りがあっても用紙は捨てず、以下の方法で校正すれば何の問題もありません。写経の途中で誤りに気づいた場合も同じです。

誤字　間違った字の横に黒点（●）を打ち、その行の上下どちらかの欄外に正しい字を記入する。

脱字　文字を書き落とした場合、その箇所（字と字の間）に黒点を打ち、その行の下に抜けた字を書く。その字の右側にも黒点を打つ。

衍字　誤って同じ文字を重ねて書いた場合、重複した文字の右に黒点を打つ。その行からあふれてしまった文字は、その行の下に記入する。

脱行　一行まるごと書き忘れた場合、抜けた行を書き（写経途中に気づいた場合は、次の行。すでに書き終わっていたら最後の行の後ろ）、その行の上に黒点を打つ。その行が入るべき箇所（行と行の間）にも黒点を打つ。

衍行　同じ行を重ねて書いた場合、その行の上に黒点を打つ。

六、願文を記す

経文を書き終えたあとに、必要に応じて願いごとを書きます。「為家内安全」「為病気平癒」「為学業増進」など、願いの言葉の上に「為」の字を書きます。それで為書とも言います。願いごとは「何々を何々してください」という普通の文章でもかまいません。願文のあとに、写経をした年月日、住所、氏名を書きます。

七、納経

あなたが書いた写経は、機会を見つけてお寺に奉納しましょう。自分の檀那寺、札所の納経所など、基本的にはどこの寺でも受け付けてくださるはずです。ただし、回向《えこう》料がかかる場合があります。

寂庵では月に一回、「写経の会」を行なっています。写経するのは『般若心経』で、五〇ほどの経机を並べ、それぞれが願いをこめて写経をしていきます。私が寂庵で行なっている行事の中で、一番、よかったと思っているのは、この写経会です。

なぜ、そう思うのかといえば、写経をやっているみなさんの顔がどんどんよくなっていくのが分かるから。暗かった表情が明るくなり、顔に険があったのが取れてきて、みんな少しずつ和やかになってくる。写経をするのは一月に一回だけですが、それだけでも心が鎮まって、いい顔になってくるんです。

また、しょっちゅう会に出ていれば、写経友だちもできてきます。お互いに自分の悩みを打ち明ければ、悩んでいるのは自分だけではないということも分かってきます。

中には自分のお子さんや恋人を事故で失ったとか、突然、癌の宣告を受けたという人もいます。でも、そうした苦しみは世界で自分だけが背負っているのではない。他にも同じような苦しみに耐えている人がいるのだと分かるだけでも人間は楽になれるんです。心の中に燃えていた煩悩の火が、少し鎮まるのだと思います。

写経は特効薬のようにすぐ効くものではないけれども、日常生活から離れて、お経を書き写しているうちに、知らず知らずのうちに心の煩悩の火がおさまっていくのです。そして、気がついたら火が消えていたということもあるかもしれない。

また、そうして心が鎮まれば、智慧が授かります。今の苦しみからどうやって抜け出せばいいのか、それを正しく判断することができるようになる。勇気も出てきます。

写経の功徳とはそういうものでしょう。

だから、写経というのはけっして形式ではありません。高い筆や硯を買って、上等な紙に書くばかりが写経ではない。鉛筆でノートに書いても、立派な写経です。もちろん、字が上手である必要もありません。寂庵に納められた写経の中には、小さな子どもがひらがなだけで書いた『般若心経』もあります。

また、家事や仕事で忙しければ、毎日一行、いや五、六字だけ書くというのでもいいのです。

一番大事なのは、真心をこめること。もちろん、昔から伝わっている写経の形式を知っておくことも大切です。しかし、形式にあまりとらわれすぎて、心が失われてはつまりません。

装丁　横尾忠則

瀬戸内寂聴

1922年、徳島市生れ。1943年、東京女子大学卒業。1957年「女子大生・曲愛玲」を発表して以来、『田村俊子』『かの子撩乱』『青踏』『美は乱調にあり』など伝記小説を多数執筆。1963年、『夏の終り』で女流文学賞を受賞。1973年、平泉中尊寺で得度受戒。法名・寂聴。1987年~2005年、岩手県天台寺住職を務める。1992年『花に問え』で谷崎潤一郎賞、1996年『白道』で芸術選奨文部大臣賞。1998年、現代語訳『源氏物語』（全10巻）を完成。2001年に『場所』で野間文芸賞を受賞。『瀬戸内寂聴全集』（全20巻）、2002年『釈迦』刊行。2006年、イタリアノニーノ賞、文化勲章受章。2007年、世阿弥を描いた『秘花』がベストセラーになる。

横尾忠則

1936年、兵庫県生まれ。美術家。1972年にニューヨーク近代美術館で個展。その後もパリ、ベネチア、サンパウロの各ビエンナーレに出品するなど国際的に活躍し、近年は東京都現代美術館、京都国立近代美術館など美術館での個展を相継いで開催。2006年にはパリのカルティエ現代美術財団での個展を開催し高い評価を得た。1995年毎日芸術賞、2000年ニューヨークADC殿堂入り、2001年紫綬褒章受章、2006年日本文化デザイン大賞受賞ほか。作品はニューヨーク近代美術館をはじめ国内外100以上の主要美術館に収蔵されている。主な著書、作品集に『横尾忠則森羅万象』『横尾忠則Y字路』『インドへ』『コブナ少年 横尾忠則十代の自伝』など。

寂聴訳 絵解き般若心経

2007年7月10日　初版第1刷発行

著　　者　瀬戸内寂聴
　　　　　横尾　忠則
発 行 者　原　　雅久
発 行 所　朝日出版社
　　　　　東京都千代田区西神田3－3－5
　　　　　〒101-0065　☎03-3263-3321
印刷・製本　凸版印刷株式会社
編集担当　仁藤輝夫　校正　中島海伸